Sprich deutlich und male die Lautkugeln.

Sprich deutlich!
Dann hörst du jeden Laut.
H–A–S–E

AF184920

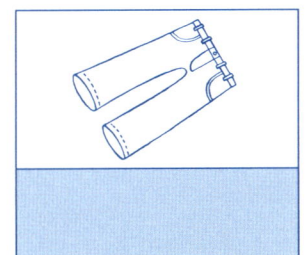

Mein Wörter-Schreibheft – erste Rechtschreibregeln · www.verlagruhr.de

Verbinde die Bilder mit den Lautkugeln.
Schreibe die Wörter.

Pirat

Wörter der entsprechenden Anzahl an Lautkugel zuordnen; lautgetreue Wörter schreiben

Sprich die Wörter deutlich. Schreibe sie auf.

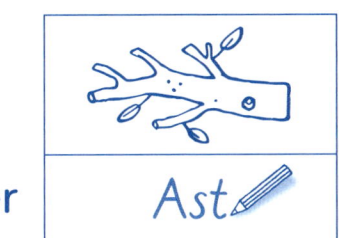 

der **Ast**

das

das

das

die

der

der

der

das

Mein Wörter-Schreibheft – erste Rechtschreibregeln · www.verlagruhr.de

Sprich die Wörter deutlich. Schreibe sie auf.

Bei diesen Wörtern versteckt sich am Ende ein **e**.

die  *Trompete*

die

die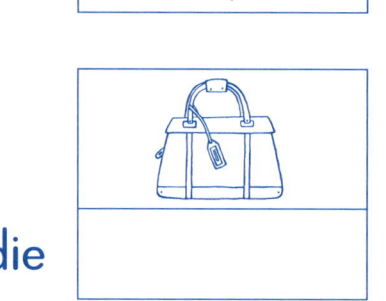

der

die

die

die

die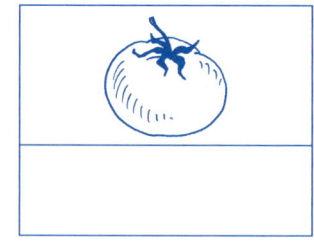

Wörter mit der Endung „-e" schreiben

Mein Wörter-Schreibheft – erste Rechtschreibregeln ⬚ www.verlagruhr.de

Schreibe die Schüttelwörter auf.

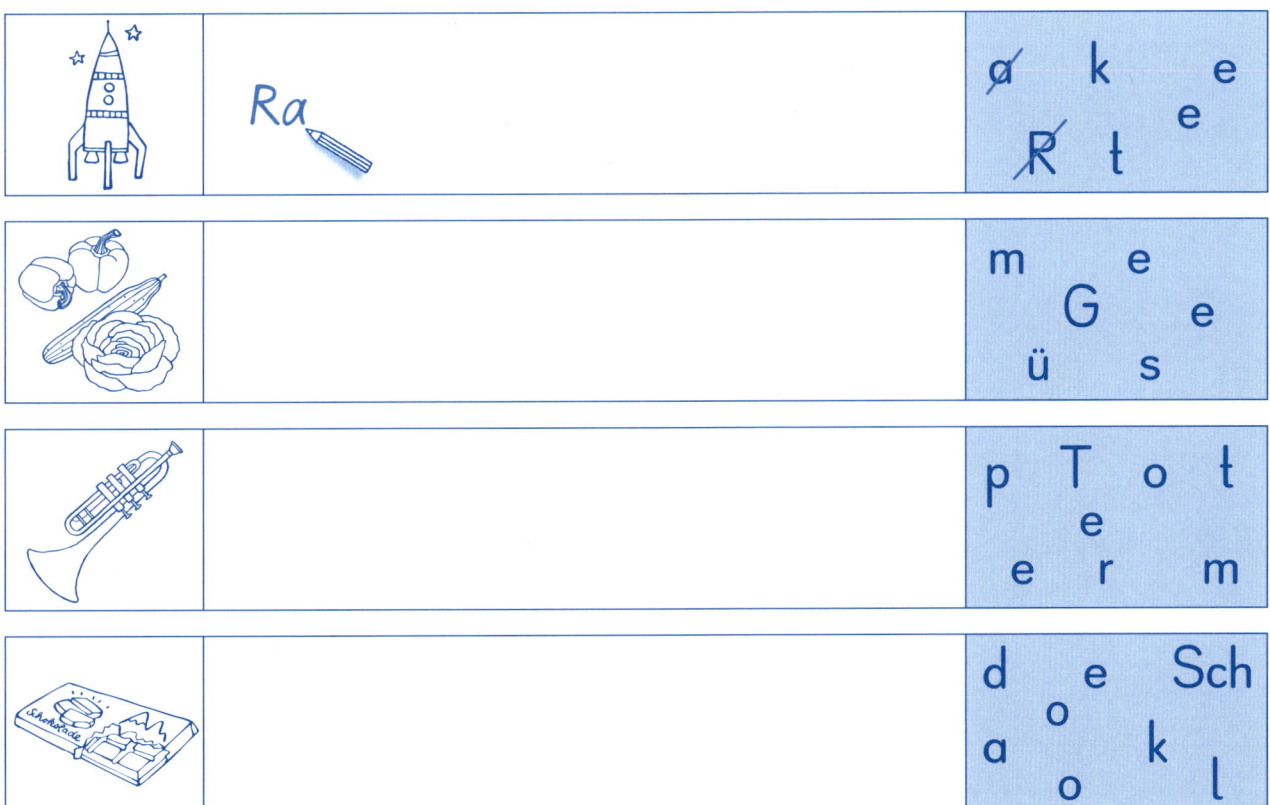

Ra

~~R~~	k	e
	e	
~~R~~	t	

m		e
	G	
		e
ü	s	

p	T	o	t
	T	e	
e	r		m

d	e		Sch
	o		
a		k	l
	o		

Mein Wörter-Schreibheft – erste Rechtschreibregeln · www.verlagruhr.de

Male die Reimwörter in jeder Reihe an.

Reimwörter erkennen und anmalen

Kreise die Reimwörter ein. Schreibe sie auf.

Bei Reimen ändern sich nur wenige Buchstaben. **H**aus – **M**aus

Rose _____ _____ _____

D _____ _____ _____

H _____ _____ _____

Trage **a, e, i, o** oder **u** ein.

K a m e l

R_b_

W_lf

G_b_l

R_k_t_

L_p_

P_pr_k_

Kr_k_d_l

T_m_t_

Z_br_

F_sch

B_n_n_

Vokale in Lückenwörtern ergänzen

Mein Wörter-Schreibheft – erste Rechtschreibregeln ⬚ www.verlagruhr.de

Kreuze den richtigen Laut an. Schreibe das Wort.

Heft

Mein Wörter-Schreibheft – erste Rechtschreibregeln · www.verlagruhr.de

Kreuze den richtigen Laut an. Schreibe das Wort.

	o / u		 o / u		 o / u		 o / u

„o" und „u" unterscheiden; richtigen Laut ankreuzen; Wörter schreiben

Mein Wörter-Schreibheft – erste Rechtschreibregeln · www.verlagruhr.de

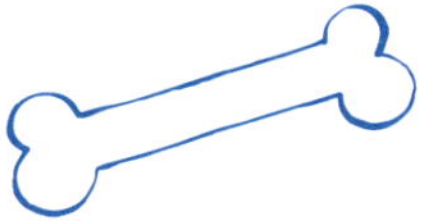

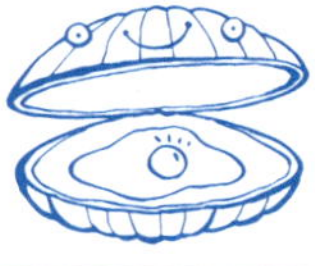

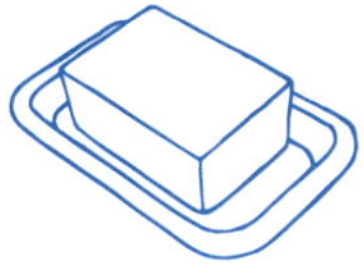

Was fällt dir beim Sprechen und Lesen der Wörter auf?
Schreibe es auf.

Leit**er**

Fed**er**

Tell**er**

Butt**er**

Hamm**er**

Kalend**er**

Tipp:
Was hörst du am Ende?
Was schreibst du?

Mein Wörter-Schreibheft – erste Rechtschreibregeln ▯ www.verlagruhr.de

Schreibe die Wörter dreimal ab. Kreise **-er** grün ein.

der Eim-	-er	runt-	-er
der Roll-		ab-	
das Feu-		imm-	

Eim(er), Eimer, E

Wörter mit der Endung „-er" verbinden und schreiben

Schreibe die Reimpaare auf.

Reiter

L

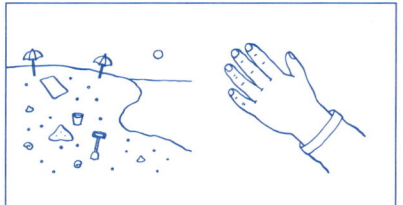

Verbinde und schreibe.

Hier musst du genau auf die Endungen hören.

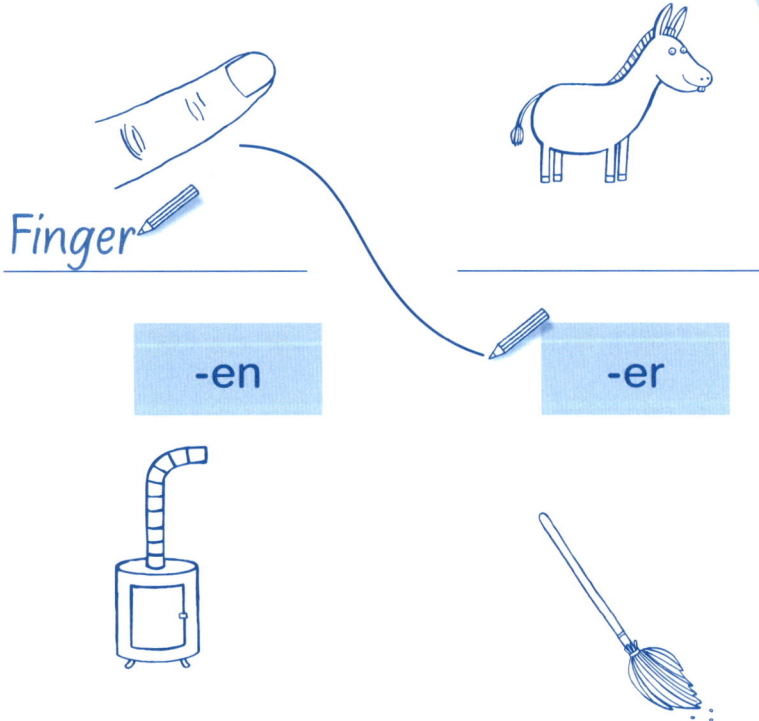

Finger

-en

-er

-el

Wörter mit der richtigen Endung verbinden und schreiben

Mein Wörter-Schreibheft – erste Rechtschreibregeln · www.verlagruhr.de

Verbinde und schreibe die Wörter.

_____

_____

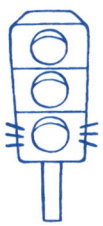

_____

_____

| -en | -er | -el |

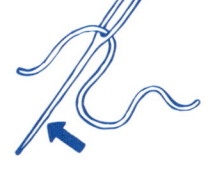

_____

_____

_____

_____

Mein Wörter-Schreibheft – erste Rechtschreibregeln ⬜ www.verlagruhr.de

Sprich die Wörter deutlich. Was hörst du am Anfang?
Schreibe die Wörter. Kreise **St** rot ein.

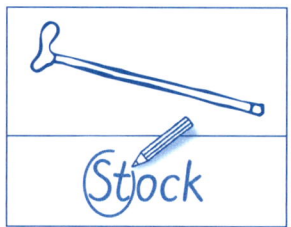

Stock

Bei diesen Wörtern hörst du Scht, schreibst aber **St**.

Wörter mit „St" schreiben; Anlaut „St" markieren

Trage **Sch** oder **St** ein.

Sch

Mein Wörter-Schreibheft – erste Rechtschreibregeln www.verlagruhr.de

Erkennst du die Wörter? Schreibe sie auf.

der Stern   stehen   die Stunde

der Stern

_____   _____   _____

der Stein   still   der Start

_____   _____   _____

der Sturm   stark   der Strom

_____   _____   _____

Sprich die Wörter deutlich. Was hörst du am Anfang?
Schreibe die Wörter auf. Kreise **Sp** rot ein.

Hier hörst du Schp, schreibst aber **Sp**.

Spiegel

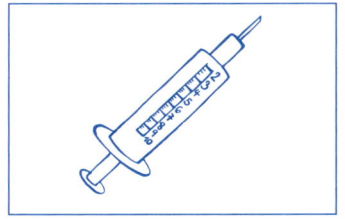

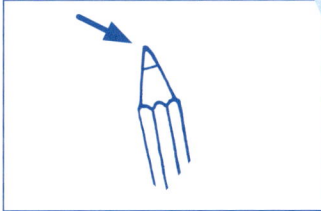

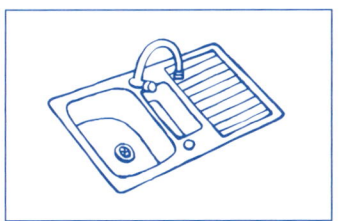

Mein Wörter-Schreibheft – erste Rechtschreibregeln · www.verlagruhr.de

Finde sechs Wörter mit sp.
Kreise sie ein und schreibe sie auf.

s	p	ä	t	s	f	b	o	l	m
w	s	p	r	i	n	g	e	n	f
u	ü	g	m	h	r	e	x	a	k
h	j	p	b	w	s	p	i	t	z
t	u	s	c	h	p	s	v	b	m
s	p	i	e	l	e	n	i	z	u
l	d	s	p	r	e	t	t	e	d
e	a	s	p	ü	l	e	n	b	k
g	s	t	e	r	f	i	d	u	b
k	s	p	r	e	c	h	e	n	v

sp _____

_____

_____

_____

_____

_____

Wörter mit „Sp"/„sp" im Suchsel finden und aufschreiben

Mein Wörter-Schreibheft – erste Rechtschreibregeln · www.verlagruhr.de

Kreise alle Wörter mit **Sp** ein. Schreibe sie auf.

Spiegel

Mein Wörter-Schreibheft – erste Rechtschreibregeln · www.verlagruhr.de

B oder **P**? Ordne die Bilder von Ausschneidebogen 1 richtig ein.

B	P

Bei diesen Wörtern musst du ganz genau hinhören.

Mein Wörter-Schreibheft – erste Rechtschreibregeln ⊞ www.verlagruhr.de

Lautunterscheidung der Anlaute „P" und „B"; Wörter in eine Tabelle einordnen

2

(Seite 27)

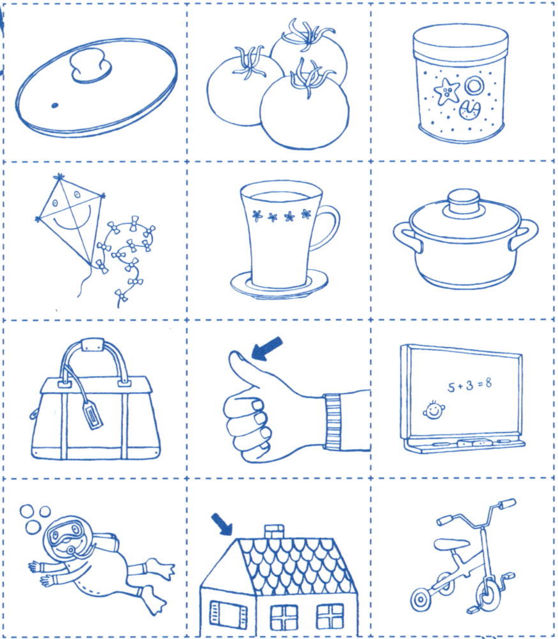

1

(Seite 24)

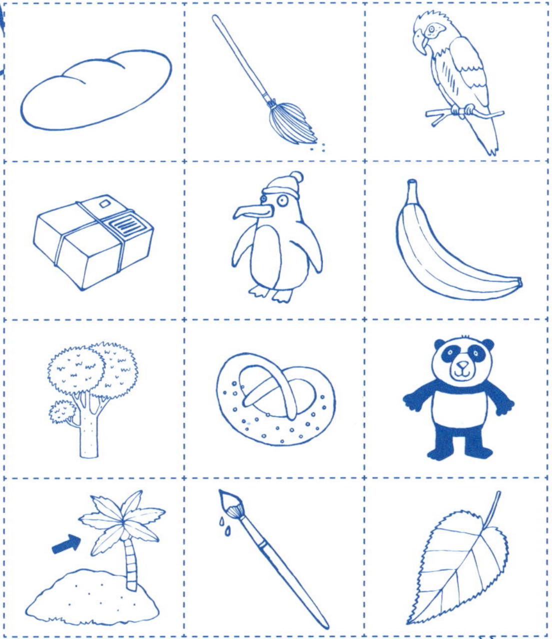

Schere: © Verlag an der Ruhr; alle anderen Illustrationen: © Anja Boretzki

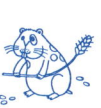

D oder **T**? Ordne die Bilder von Ausschneidebogen 2 richtig ein.

D	T

Mein Wörter-Schreibheft – erste Rechtschreibregeln ⚏ www.verlagruhr.de

Trage **d, t, b** oder **p** ein.

 Fe_d_er	 Stem__el	 schrei__en	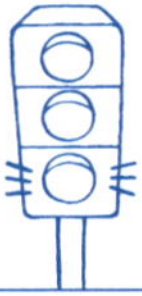 Am__el	 Blü__e
 Man__el	 Sei__e	 Kle__er	 ba__en	 Rau__e
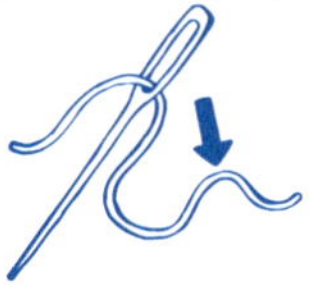 Fa__en	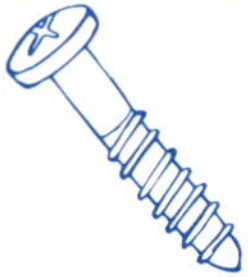 Schrau__e	 Lu__e	 Lam__e	 Ra__e

Inlaute „d"/„t" sowie „b"/„p" unterscheiden und im Wort ergänzen

Mein Wörter-Schreibheft – erste Rechtschreibregeln ⎙ www.verlagruhr.de

Trage **Pr**, **Br**, **Pl** oder **Bl** ein.

 <u>Bl</u>ume

 ____inzessin

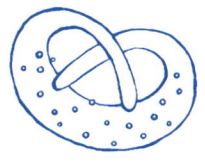 ____ezel

 ____ille

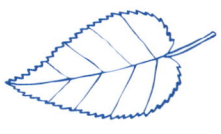 ____att

 ____ief

 ____eis

 ____ätzchen

 ____ofessor

 ____eistift

 ____ötchen

 ____akat

Mein Wörter-Schreibheft – erste Rechtschreibregeln · www.verlagruhr.de

Schreibe die Wörter in die richtigen Zeilen.

Wörter mit K oder k: _Kinder,_ _____

_____

Wörter mit G oder g: _____

_____

Lautunterscheidung „K"/„k" und „G"/„g"; Wörter schreiben

Mein Wörter-Schreibheft – erste Rechtschreibregeln · www.verlagruhr.de

Schreibe die Wörter in die richtigen Zeilen.

Wörter mit Kr: _____

Wörter mit Gr: _____

Wörter mit Kl: _____

Wörter mit Gl: _____

Mein Wörter-Schreibheft – erste Rechtschreibregeln ⋔ www.verlagruhr.de

Sprich die Wörter deutlich. Was hörst du?

E<u>i</u>s

 S<u>ei</u>l

Kr<u>ei</u>s

L<u>ei</u>ter

S<u>ei</u>fe

r<u>ei</u>ten

Tipp:
Was hörst du?
Was schreibst du?

Wörter mit der Endung „Ei"/„ei" kennenlernen; eigene Beobachtungen aufschreiben

Mein Wörter-Schreibheft – erste Rechtschreibregeln · www.verlagruhr.de

Schreibe die Sätze ab. Ergänze die Lücken.

Ina kneift Peter in sein  .

Ina _____

Mia hat ein  mit einem  drauf.

_____

Karl streichelt ein kleines  .

_____

Ich habe schon 3  gelesen.

_____

Seiten

Kleid

Schwein

drei

Bein

Eisbären

Mein Wörter-Schreibheft – erste Rechtschreibregeln ｜ www.verlagruhr.de

Lies die Sätze und kreise ng **ein.**
Ergänze die Lücken.

Bei ng hörst du nur einen Laut, schreibst aber zwei Buchstaben.

Schlangen schlängeln sich durch das Gras.

Oma Inge bringt eine Zeitung.

Lotta trägt einen Ring an ihrem Finger.

Ich fange Fische mit einer A_____.

An meinem Fahrrad habe ich eine _____.

Wenn ich mich fürchte, habe ich _____.

Löse das Rätsel.

1
2 | P
3 | K
4
5
6
7

Die Lösung lautet: __ P __ __ __ __ __ __

Mein Wörter-Schreibheft – erste Rechtschreibregeln · www.verlagruhr.de

ng oder **nk**? Kreuze den richtigen Laut an.

ng nk

ng nk

ng nk

ng nk

ng nk

ng nk

ng nk

ng nk

ng nk

ng nk

Lautunterscheidung „ng" und „nk"; ankreuzen

**Sprich die Wörter und schreibe V und v farbig nach.
Schreibe eigene Sätze.**

Wörter mit V musst du dir merken.

Vogel   Vater   von   vom   viel   vor   voll   vier

Ein Vogel fliegt.

_____

_____

_____

_____

Mein Wörter-Schreibheft – erste Rechtschreibregeln · www.verlagruhr.de

Schreibe die Schüttelwörter auf.

	Vo	~~o~~ h r a ng ~~V~~
		r a e d b n V
		n V e g o s t e l
		u a l k n V

Sprich die Wörter deutlich.
Schreibe sie in die richtige Spalte.

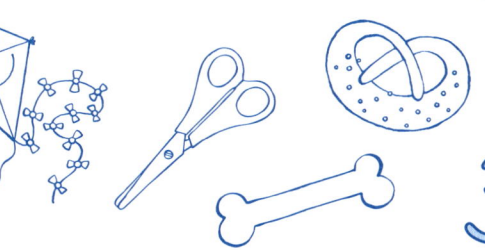

Höre genau hin.
Heißt es Kuren oder
Kuchen?

r	ch
Frosch	

Mein Wörter-Schreibheft – erste Rechtschreibregeln 🕮 www.verlagruhr.de

Finde die Wörter mit **ch**. Male sie an und schreibe sie auf.

B	D	U	T	L	A	R	F	X	M
E	S	G	H	I	N	B	U	C	H
C	H	B	M	A	E	W	Y	A	K
H	J	P	B	K	O	C	H	L	Z
E	Z	D	C	K	P	S	L	O	B
R	H	A	R	Y	C	H	E	U	A
D	F	C	O	R	P	H	F	G	U
S	A	H	P	M	K	V	C	F	C
H	D	N	R	H	J	E	T	R	H
K	V	T	A	U	C	H	E	R	M

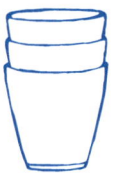

_____   *Becher*

_____   _____

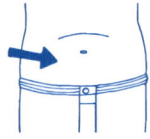

_____   _____

Wörter mit „ch" im Suchsel finden und aufschreiben

Mein Wörter-Schreibheft – erste Rechtschreibregeln ⬚ www.verlagruhr.de

Diese Wörter schreiben sich alle mit Eu oder eu.
Schreibe sie auf.

Du hörst oi,
schreibst aber eu!

Trockenes Gras nennt man H__ ____.

Nach der Zahl Acht kommt die __ ____ __.

Mit dem __ __ __ __ __ ____ __ kann man fliegen.

Die ____ __ __ ist ein Nachtvogel.

Eine Kuh hat einen ____ __ __ __.

Der __ ____ __ __ __ liebt das __ ____ __ __.

Mein Wörter-Schreibheft – erste Rechtschreibregeln ▯ www.verlagruhr.de

Finde Wörter mit **Eu** oder **eu** und schreibe sie auf.

Wörter mit „Eu"/„eu" im Wimmelbild suchen und schreiben

Mein Wörter-Schreibheft – erste Rechtschreibregeln 🖰 www.verlagruhr.de

Sprich die Wörter deutlich. Was hörst du?

Aquarium

Qualle

Quelle

Quartett

quaken

Tipp:
Was hörst du?
Was schreibst du?

Mein Wörter-Schreibheft – erste Rechtschreibregeln ▯ www.verlagruhr.de

Lies die Sätze. Schreibe sie zu dem passenden Bild.

Aus dem Schornstein qualmt es.	Das Schwein quiekt laut.
Ich esse gerne Erdbeerquark.	Im Bett ist es bequem.

_____

_____

_____

_____

Mein Wörter-Schreibheft – erste Rechtschreibregeln · www.verlagruhr.de

Schreibe die Wörter in der Mehrzahl und in der Einzahl.

 viele _Hunde_____

ein _Hund_____

Bilde die Mehrzahl, dann hörst du, ob du ein **t** oder **d** schreiben musst.

viele _____

ein _____

viele _____

ein _____

 viele _____

ein _____

viele _____

ein _____

 viele _____

ein _____

viele _____

eine _____

Mein Wörter-Schreibheft – erste Rechtschreibregeln · www.verlagruhr.de

Bei welchen Wörtern hörst du ein **d** in der Mehrzahl? Kreise sie ein.
Schreibe die Wörter mit **-d** in der Einzahl und Mehrzahl auf.

viele _Hemden_   viele _____   viele _____

ein _Hemd_   ein _____   ein _____

viele _____   viele _____   viele _____

ein _____   ein _____   eine _____

Plural bilden; Wörter mit dem Laut „d" einkreisen; Wörter mit „d" in Einzahl und Mehrzahl schreiben